FABIANE RODRIGUES FERNANDES

GABRIEL HENRIQUE CRUZ BONFIM

JOSÉ CARLOS PLÁCIDO DA SILVA

I0448048

O Estado e o Design no Brasil

do estilo à ferramenta estratégica de negócio

(Edição 2014)

Ficha Catalográfica

F363d   FERNANDES, Fabiane R.
          O Estado e o Design: do estilo à ferramenta estratégica de
negócios / Fabiane Rodrigues Fernandes, Gabriel Henrique Cruz Bonfim,
José Carlos Plácido da Silva - 3ª Ed. - Rio Claro: FRF Produções, 2014.

          54 p.; 15,24x22,86 cm

          il. inclui bibliografia

          ISBN: 978-1-5025-2330-3

          1. Design   2. Políticas Públicas   3. Estado I. Fabiane Rodrigues
Fernandes II. Gabriel Henrique Cruz Bonfim   III. José Carlos Plácido da
Silva

                                          CDD: 620.02

Título: O Estado e o Design no Brasil: do estilo à ferramenta estratégica de negócio - Edição 2014

Edição: 3ª   [1ªd. e 2ª Ed. – Munique: Grin, 2013]

Ano: 2014

Local: Rio Claro

ISBN-13: 978-1-5025-2330-3

ISBN-10: 1502523302

Publicação: FRF Produções

Marca de registro: CreateSpace (impresso nos Estados Unidos da América)

Obra registrada na Fundação Biblioteca Nacional

©Fabiane Rodrigues Fernandes, 2012. Todos os direitos reservados

Sobre a autora: Doutorado (em andamento) em Design com ênfase em Ergonomia pela FAAC – UNESP/Bauru (2017). Mestre em Design com ênfase em Ergonomia pela FAAC - UNESP/Bauru (2013). Especialização em Gestão de Projetos pela FARC (2010). Possui graduação em Design com ênfase em Projeto de Produto pela Universidade Federal do Maranhão (2005). Professor Adjunto I da Faculdade de Administração e Artes de Limeira (SP), no curso de Design. Tem experiência na área do Design Ergonômico e da Interface Humano-Tecnologia, com ênfase em: *Web Design, Ergonomic Design, User Experience (UX) & Usability*, onde também atuou na prática com projetos como: Simulador Virtual dos Painéis das Lavadoras da Brastemp e Consul e Desenvolvimento de diversos *websites*.

About the author: *Doctorate (PhD in progress) in Design with focus on Ergonomic at the FAAC - UNESP (2017). Master of Sciency in Design with focus on Ergonomic at the FAAC - UNESP (2013). Master of Business Administration in Project Management at the FARC (2010). Bachelor in Design with focus on Product Design at the Federal University of Maranhão (2005). Professor (Adjunt I) at Limeira College of Administration and Arts - FAAL(SP), in Design's course. Experience in the Ergonomic Design and Human-TechnologyInterface, with emphasis in: Web Design, Ergonomic Design, Usability & UX (User Experience), where she also served in practice with projects like: Simulator Virtual Panels of Washers Brastemp and Consul Development and various websites.*

Não reproduzir esta obra ou parte dela sem a devida referência ao(s) autor(es). Apropriar-se de informações de outros, sem a devida citação, é violação de direitos autorais.

Resumo

Esse livro reflete sobre como o Design vem sendo tratado ao longo dos anos no Brasil, desde políticas industriais, passando pelo desenvolvimento científico e tecnológico até os programas de política em Design. Foram realizados levantamentos bibliográficos, para entender a relação do Estado com o Design no Brasil. O levantamento referencial foi realizado por meio de impresso e eletrônico sobre a história do Design no Brasil, desenvolvimento tecnológico e científico, a educação de Design no Brasil, desenvolvimento da indústria e do comércio exterior e programa brasileiro de Design. O Design vem recebendo um novo olhar, na medida em que, se percebe que, através dele, as empresas podem desenvolver produtos inovadores. Evidencia-se, de forma significante, a função do Design como fator de diferenciação e de competitividade. É preciso planejar novos produtos, aprimorados em tecnologia, desenho e matéria prima, além de todo o conhecimento necessário do usuário (suas emoções, experiências e necessidades), que ganha o foco no desenvolvimento de novos produtos e serviços.

Palavras-chave: Políticas Públicas, Design, Brasil.

Abstract

This book reflects on how design has been treated over the years in Brazil, since industrial policies, passing by the scientific and technological development to design policy programs. Bibliographic surveys were carried out to understand the relationship of the State with the Design in Brazil. The benchmark survey was conducted through electronic and printed about the history of design in Brazil, technological and scientific development, design education in Brazil, development of industry and foreign trade and the Brazilian program design. The design has received a new look in that it realizes that it organizations can develop innovative products. It is evidenced, significantly, the function of design as a factor of differentiation and competitiveness. We need to plan for new improved products in technology, design and raw material, plus all the necessary knowledge of the user (your emotions, experiences and needs) that gains focus in the development of new products and services.

Key words: Public Policies, Design. Brazil.

Sumário

Introdução

Introdução

O desenvolvimento de produtos pode ser visto deste os primórdios da vida em sociedade, quando as primeiras ferramentas são feitas. Porém, o Design está totalmente vinculado ao surgimento das indústrias. A Revolução Industrial ocorrida na Europa marca o início da produção de bens, em massa, cujo objetivo era fabricar produtos, até aquele momento, feitos de forma artesanal ou inexistentes. Sendo este a figura central, seguia-se o lema de que "a forma segue a função". Com o crescimento dos produtos ofertados, percebe-se a necessidade de diferenciá-los, e o mercado entra na perspectiva da "estetização". Hoje, os objetos industriais precisam atender as reais necessidades e desejos dos consumidores, além da preocupação com os custos e com o meio ambiente, o usuário passa a ser a figura central. Agora este, juntamente com a função, os valores simbólicos e critérios emocionais, definem a forma.

A crescente demanda por produtos diferenciados marca o panorama mundial de desenvolvimento intenso e o acelerado surgimento de novas tecnologias. A inovação torna-se elemento chave para competitividade industrial de um país. O aumento da concorrência, ocasionada pela globalização, abertura de mercado e a sociedade do conhecimento, fez com que as indústrias brasileiras buscassem a modernização. Para que uma empresa se torne competitiva neste mercado, esta deve buscar atender às expectativas dos consumidores e oportunidades para surpreendê-lo, quanto aos produtos e serviços oferecidos. E uma das funções básicas do Design é transformar inovações em produtos e serviços, devendo ser um processo contínuo dentro das empresas.

Segundo um estudo desenvolvido pelo Conselho Nacional de Desenvolvimento Britânico, um país pode ter seu grau de competitividade mensurado pela forma como ver o Design, que se classificam em quatro níveis: nível 01 quando não há nenhum uso do Design; nível 02 quando o Design é usado como estilo, depois que o produto está pronto; nível 03 quando o Design é usado como processo, integrado ao marketing e a engenharia; nível 04 quando o Design é usado como estratégia de negócio e só neste último caso o Design pode ser usado como ferramenta de competitividade e inovação.

Países como a Finlândia competem no mercado mundial há muitos anos, pois trabalham com o desenvolvimento de novas tecnologias e com inovação, por terem políticas públicas de Design consolidadas, que trabalham em conjunto educação, indústria e governo, por enxergarem o Design como estratégia de negócio que permite a competitividade, gerando o crescimento da economia.

Este livro reflete sobre as políticas públicas brasileiras voltadas para a promoção do Design e como o Estado vem se preocupando com este campo desde a industrialização do país. Para isso, realizou-se um estudo descritivo amparado por meios bibliográficos de investigação a cerca das políticas públicas na Europa que servem de base a tempos para as políticas públicas em todo o mundo, as ações do Estado Brasileiro para o desenvolvimento das indústrias e do comércio exterior e as políticas de Design no Brasil, forma como também segue o assunto delineado nesta pesquisa.

Políticas Públicas de Design na Europa

Políticas Públicas de Design na Europa

Segundo Patrocínio e Bolton (2011) as políticas pública de Design tem sua origem, cerca de 200 anos, com as feiras comerciais e industriais europeias, entre elas a Grande Exposição de Londres de 1851, de grande relevância internacional. Mais os passos efetivos são dados antes do final da II Guerra Mundial pelo Reino Unido (*Design Council* – 1944); pela Alemanha (Conselho de Design Alemão e a Escola de Design de Ulm – 1953). Ainda na Alemanha, nos anos de 1954 e 1955 vieram a criação do *IF Design Award* e o *Red Dot Award* (eventos de premiação). Em 1957, em uma reunião em Londres, foi criado o Conselho Internacional das Sociedades de Design Industrial (ICSID) com o objetivo de proteger interesses dos designers, garantindo padrões globais de Design.

Países como o Reino Unido e Finlândia, o governo possui há anos políticas públicas de promoção do Design, na competição por mercado, como o SITRA (Fundo Finlandês de Inovação). O *Design Council* é um bom exemplo, trata-se de uma entidade do Reino Unido, criada durante a Segunda Guerra, em 1944, que atua junto às pequenas e médias empresas, em conjunto com a política industrial e comercial do país, a fim de gerar Design de produtos com qualidade e inovação e também através da promoção externa, selecionando produtos notáveis para publicações e exposições. Essa entidade, que tem como missão permitir que o Design seja usado da melhor forma possível para tornar o Reino Unido uma nação competitiva, criativa e sustentável, contribuiu para a superação de mais de 60 anos das crises da indústria britânica. É possível observar que o olhar para o Design como elemento de contribuição para o crescimento da nação sempre se mostrou presente neste país, observado pelas palavras de Margareth Thatcher (primeira-ministra britânica nos anos 90) *"design or decline"* como forma de reagir ao processo de globalização e através do relatório encomendado por Gordon Brown (primeiro-ministro britânico entre 2007-2010) que tinha o objetivo de assegurar que governo, empresas e educação fizessem um adequado uso dos talentos criativos do Reino Unido.

O *Design Council* possui um plano estratégico para ser desenvolvido em três anos com objetivo tornar o Reino Unido os melhores apreciadores de Design do mundo, através de inovação nas empresas e nos serviços públicos; engajamento da sociedade; desenvolvimento de habilidades em Design; políticas de promoção do Design e eficiência operacional e organizacional. Outros programas interessantes britânicos são o Design contra o crime (*Design against Crime*) que busca através do olhar no Design e na inovação de produtos e serviços formas de combater o crime e o Projetando Demanda (*Desiging Demand*) que através de workshop e consultoria dão suporte às empresas na solução de problemas através de ferramentas de Design. Outros projetos do cenário britânico são os festivais internacionais de Design como o London Design Festival, em Londres e a "Escócia com Estilo" que ocorre na Cidade do Design, na Escócia. Percebe-se um engajamento do governo e entidades de planejamento e promoção do Design que compartilham o mesmo discurso e práticas com a intenção de trabalhar o Design como uma ferramenta de desenvolvimento cultural, industrial e comercial. A sociedade é constantemente exposta ao Design de qualidade, nos museus, edifícios, escolas, serviços públicos que estimula o orgulho da nação por suas indústrias e serviços, tornando-os menos vulneráveis aos concorrentes externos e mais competitivos no mercado mundial.

Ainda, há exemplos de países que trabalham políticas públicas na Europa, temos a Hungria com o *Design Council*. Em entrevista dada a

Gisele Raulik, no site Design Brasil[1], Judit Várhelyi, diretora do *Design Council* da Hungria (HDC), apresenta-o como uma organização governamental não executiva, que possui um departamento dedicado à promoção do Design, cuja missão é influenciar estratégias políticas, mas também "promover a consciência sobre o Design como um instrumento de progresso e o papel de designers na indústria e sociedade". Tem como atividades anuais mais importantes, o Prêmio de Design Húngaro e o Fundo *Moholy-Nagy László* de Design para jovens profissionais. O HDC tem se mantido ativo por mais de 20 anos e foi completamente reorganizado em 2002. Em 2007, O Conselho

---

[1] RAULIK, Gisele. **Como o design está acontecendo no Leste e Centro Europeu.** Design Brasil. 2007. Disponível em: http://www.designbrasil.org.br/artigo/como-o-design-esta-acontecendo-no-leste-e-centro-europeu. Acessado em 29 out 2012.

trabalhava a abertura de um centro de Design em Budapeste. O Design Terminal, que deve atuar como centro, estabelecerá uma forte conexão entre a comunidade de Design no país atuando tanto como um realizador de eventos quanto como uma ponte entre designers e clientes. Judit comenta que, no âmbito profissional, os designers húngaros se organizam através de associações de artistas juntamente com pintores, escritores, músicos etc. Trata-se de uma situação que é remanescente do tempo comunista. Essa posição é desfavorável e torna a defesa, dos objetivos individuais, mais difícil. Na educação, a Universidade de Arte *Moholy-Nagy* tem mais de 100 anos e os cursos são baseados na divisão clássica de disciplinas. Existem também vários cursos de Design em Escolas de Engenharia, baseado no modelo da universidade holandesa TU Delft.

O Estado e o Design no Brasil

O Estado e o Design no Brasil

Ao se tratar de Design, ou especificamente da história do Design, é falar da história da indústria. Até o fim do século XIX o Brasil era um país agrário, com trabalho escravo e fornecimento de matéria prima para exportação. Seu primeiro produto exportado foi o pau-brasil, ainda na condição de colônia; seguido do açúcar. O século XVIII se caracterizou pela mineração e descoberta do ouro. O café é o grande produto de lucro para o Brasil do século XIX até a Segunda Guerra Mundial.

O Censo Industrial, realizado em 1920, aponta que existiam poucas fábricas antes de 1850 e sua produção era de artigos de importância secundária (BAER, 1966). Este fato pode ser explicado, porque antes da independência todos os bens manufaturados eram importados, devido à política portuguesa, que proibia qualquer tipo de desenvolvimento industrial no Brasil. "No Brasil, o desenvolvimento econômico seguiu os interesses de Portugal, através de tratados com a Inglaterra, garantindo, assim, a hegemonia inglesa na manufatura de bens e mantendo o Brasil como meros consumidores" (NIEMEYER, 2000 p.49). As tentativas de criação de indústrias no Brasil tornam-se, mais intensas, na segunda metade do século XIX, fato que pode ser observado com o surto de industrialização nos últimos anos daquele século, acompanhado de uma política governamental favorável, desenvolvimento das ferrovias e abundância de matérias primas, tudo contribuindo para o fortalecimento da indústria interna (SUZIGAN, 1973). Na última década do século XIX, surgem as indústrias supridoras do setor de exportação e do setor de consumo interno.

Devido à Segunda Guerra Mundial, a indústria também se desenvolveu, pois a carência de produtos externos estimulou o crescimento da indústria nacional. De acordo com Baer (1966), nesse período, a indústria transforma-se em uma decidida política para modificar a economia brasileira. Em 1930, é criado o Ministério do Trabalho, Indústria e Comércio, em seguida, em 1934 é criado o Conselho Federal de Comércio Exterior. O Brasil teve grandes intenções de desenvolvimento industrial e comercial desde o final do século XIX, porém é na década de 50, conforme Bonsiepe (1997), que se reconhece a necessidade do Design. E, os primeiros escritórios de Design surgem nas grandes áreas industriais. São Paulo e Rio de Janeiro trabalham cursos livres e workshops com Design que tinham renome internacional, como as primeiras iniciativas de trazer o Design como visto na Europa. Iniciam-se no MASP, as primeiras atividades que envolviam Design, e em 1951 é inaugurado o Instituto de Arte Contemporâneo (IAC) do MASP. O Museu de Arte Moderna (MAM) é inaugurado em 1952, no Rio de Janeiro. E em 1958, é fundada a Escola Técnica de Criação (ETC).

O Banco Nacional de Desenvolvimento (BNDE), em 1952, é resultado de um esforço conjunto com o governo norte-americano, onde Vargas institui uma comissão para avaliar a economia nacional. De acordo com

Niemeyer (2000), o projeto governamental para o desenvolvimento da indústria envolvia importação de tecnologias e entrada de investimentos estrangeiros, além do incentivo ao sistema educacional para aperfeiçoamento tecnológico. No governo de Juscelino Kubitschek, de 1956 a 1961, foi criado o Conselho Nacional de Desenvolvimento que submetia o desenvolvimento do Brasil à supervisão do Poder Público. Em seu governo, o Estado teve maior participação na tomada de decisões mais importantes e o processo de importação de tecnologia se intensificou (AGRA e SANTOS, 2005). Ainda sobre o comando de Kubitschek, foi criado um Plano de Metas que estimularia o setor de energia e transporte, o aumento da produção de petróleo e a potência de energia elétrica instalada, já visando às instalações industriais.

No início dos anos 60, podemos observar as primeiras ações no campo do Design, quando o mesmo é trazido para dentro da universidade com a intenção de formar adequadamente os profissionais necessários para alavancar a indústria nacional. Em 1962, a FAU-USP, em São Paulo inclui o curso de Design em seu rol de ensino.

Em 1963, é inaugurada a ESDI (Escola Superior de Desenho Industrial) no Rio de Janeiro, servindo de referência para outros cursos que surgiram nas décadas de 70 e 80 (NIEMEYER, 2000). Nessa mesma época surge o projeto do curso de desenho industrial do Instituto de Belas Artes (IBA).

Em 1964, sobe Castelo Branco ao poder e são criados cinco programas de apoio à indústria brasileira: Finame (Fundo de Financiamento para Aquisição de Máquinas e Equipamentos Industriais); Fundece (Fundo de Democratização do Capital das Empresas); Funtec (Fundo de Desenvolvimento Técnico-Científico); Finep (Fundo de Financiamento para Estudos, Projetos e Programas) e Fipeme (Programa de Financiamento de Pequenas e Médias Empresas) (BRUM, 1999).

Já em 1968, foi criado o Instituto de Desenho Industrial, com sede no Rio de Janeiro, contribuindo com projetos de Design na área de mobiliários escolares baseados nas pesquisas antropométricas. De acordo com Versiani e Suzigan (1990), neste período, o Estado brasileiro possui papel ativo na expansão do mercado interno e na promoção de exportação de produtos manufaturados.

Em 1979, pela 1ª vez, as exportações de produtos industrializados e semi-industrializados superaram as exportações de bens primários (BRUM, 1999). "No âmbito do Design, em 1981 no mandato de Lynaldo Cavalcanti de Albuquerque na presidência do CNPq o Design industrial foi oficialmente incorporado à política científica e tecnológica do Brasil. Resultando no surgimento do Laboratório Brasileiro de Design Industrial (LBDI)" (PEREIRA et al., 2010).

Até o Séc. XX as promoções do Design caminham no campo da arte e do esteticismo, porque o Design não é visto nem pela indústria, nem pelo Estado como ferramenta de inovação, de diferenciação, como era já visto por outros países. Esse quadro começa a mudar quando o Estado lança um programa específico de promoção da cultura do Design, através da promoção junto à sociedade, do suporte as empresas e da melhoria da educação e incentivos a pesquisa nessa área. O primeiro programa de Design é criado em 1995, no governo de FHC, porém as ações que ocorrem nesse período são tímidas. Em 2001 é lançado o programa Via Brasil pelo Serviço Brasileiro de Apoio às Micro e Pequenas Empresas (Sebrae), apresentando o Design como uma importante ferramenta para o aumento da competitividade.

E, em 2002, acontece o 1º Congresso Internacional de Pesquisa em Design através de uma iniciativa da Associação Nacional de Pesquisa em Design (ANPED). Já em 2004, no governo de Luis Inácio Lula da Silva, uma nova PITCE é aprovada com foco no desenvolvimento tecnológico, modernização da indústria e capacidade produtiva. Os recursos vinham do Banco Nacional de Desenvolvimento Econômico e Social (BNDES), do Banco do Brasil e da Finep. Além disso, são anunciadas a criação do Conselho Nacional de Desenvolvimento Industrial (CNDI), da Agência Brasileira de Desenvolvimento Industrial, e do Programa de Extensão Industrial Exportadora (BRASIL, 2004). Nessa PI o Design está nas diretrizes de Inovação e Desenvolvimento Tecnológico.

Políticas Públicas de Design no Brasil

Políticas Públicas de Design no Brasil

O que pode ser visto hoje, na escala federal, são inserções significativas do Design no Ministério do Desenvolvimento, Indústria e Comércio Exterior e no Ministério da Cultura. O PBD – Programa Brasileiro de Design foi lançado em 1995, através de um decreto, com o objetivo de promover o Design na cultura empresarial, difundido informações, normas técnicas, estudos setoriais, capacitação, novas tecnologias do Design, premiações, além das ações específicas por setor industrial e região. Este programa assim como outros em todo o mundo trabalha com três linhas de ação: promoção, educação e suporte, sendo as duas primeiras destinadas à sociedade e a última destina as empresas.

O PDB realizou, em outubro de 2002 e 2006, em Brasília, reuniões de reavaliação estratégica, as quais norteiam as ações estratégicas do programa. Conforme descrito no Plano Estratégico (PROGRAMA BRASILEIRO DO DESIGN, 2007):

> O Programa Brasileiro do Design – PBD é um programa voltado para o desenvolvimento do Design nas cadeias produtivas brasileiras, associado à evolução da gestão do Design. Sua filosofia é a do trabalho em parceria, envolvendo órgãos e entidades governamentais, instituições tecnológicas ou de fomento, entidades empresariais, comunidade acadêmica e de profissionais. Com esse espírito, foi construído este documento, como resultado da Reunião de Avaliação

Estratégica do PBD, realizada em outubro/2006 pelo Ministério do Desenvolvimento, Indústria e Comércio Exterior em conjunto com a Agência Brasileira de Desenvolvimento Industrial – ABDI, com ampla participação dos atores acima mencionados (PROGRAMA BRASILEIRO DO DESIGN, 2007).

A ideia é promover eficiência de estrutura produtiva, capacidade de inovação e a expansão das importações. "A política pública só terá eficácia se for orientada para perseguir os padrões de competividade internacional e se estiver fortemente ligada ao aumento da capacidade de inovação das empresas"[2].

---

[2] Diretrizes da PITCE, Governo Federal, 2003.

Através do alinhamento estratégico, o PDB visa, até 2012, a mudança de patamar da indústria brasileira através da inovação e diferenciação de produtos e serviços e busca a inserção e o reconhecimento do Brasil nos principais mercados do mundo. Tem como missão, induzir a modernidade industrial e tecnológica por meio do Design, objetivando o incremento da qualidade, da popularização e da competitividade dos bens e serviços produzidos no Brasil. Tem como visão de futuro, a cultura e prática do Design sendo assimilado pela sociedade como ferramenta estratégica de competitividade, levando a Marca Brasil (selo que identifica a imagem do turismo brasileiro no mundo e também é utilizada para representar os principais produtos de exportação do país) ao reconhecimento internacional, além da Rede

Design Brasil (www.designbrasil.org.br), consolidada e integrada tendo a participação tanto das instituições tecnológicas, as de fomento, ensino e pesquisa como também dos profissionais, entidades empresariais e dos órgãos governamentais.

Um programa que faz parte do PBD é o Design *Excellence Brazil*, lançado em 2003, atua com o objetivo de promover o Design brasileiro no exterior através da participação em prêmios reconhecidos internacionalmente. E, busca reconhecimento no mercado internacional da excelência da indústria brasileira e difundir no Brasil a cultura de exportação de produtos de valor agregado, despertando nas indústrias do Brasil a competitividade e o interesse em buscar inovação e Design de qualidade em suas produções. É uma iniciativa do Ministério do Desenvolvimento, Indústria e Comércio Exterior (MDIC), com patrocínio oficial da Apex (Agência Brasileira de Promoção de Exportações e Investimentos) e do Sebrae (Serviço Brasileiro de Apoio às Micro e Pequenas Empresas) e da Agência Brasileira de Desenvolvimento Industrial (ABDI).

Atualmente, o programa apoia a participação de produtos e projetos brasileiros em dois prêmios promovidos pelo iF *(International Forum Design Hannover)*: o *iF Product Design Award*, um dos maiores prêmios de Design de produto no mundo, e o *iF Concept Design Award*, destinado a projetos acadêmicos.

Até 2012, o *Design Excellence Brazil* recebeu 3.408 inscrições para a pré-seletiva nacional, das quais 1.679 produtos e projetos foram selecionados pelo Comitê Seletivo do programa para concorrer ao *iF Design Award* com apoio técnico, logístico, financeiro e de mídia do DEBrazil. Depois de enviados a Hannover para participar do júri internacional, foram 992 finalistas, e 179 premiados brasileiros, que receberam o selo *iF* através do suporte oferecido pelo programa. O DEBrazil é coordenado pelo Centro de Design Paraná desde 2007.

O Brasil recebeu quatro troféus *iF Gold* – considerado o Oscar do Design mundial, que premia os destaques de cada edição. Segundo Ralph Wiegmann, diretor do *iF* em Hannover, a iniciativa do programa *Design Excellence Brazil* fez do Brasil o primeiro país a propor uma participação coletiva e institucional dos candidatos e, hoje, o Brasil é o 7º país que mais se inscreve no *iF Product Design Award* e é o 10º mais premiado (DEBrazil, 2012).

Embora já existam programas regionais de Design em quase todos os estados no país, um estado que se destaca com sua atuação de suporte ao Design é o Paraná, com o Centro de Design Paraná, oferecendo apoio estratégico ao Programa Brasileiro de Design. Já com vários projetos de ações como Bienal Brasileira de Design, Rede Design Brasil (site), Observatório Design Brasil (vitrine do Design nacional), *Design Excellence Brazil*, Rede Paranaense de Design e a Criação Paraná (orientando empresas no lançamento de novos produtos), entre outras. Os projetos deste centro se dividem em três categorias:

Inteligência em Design, Ações em Design e Educação e Formação.

Em 2012, é lançado na Feira INOVATEC o Paraná Inovador pelo Design, programa de incentivo que levará para as indústrias a cultura do Design. A iniciativa é do Centro de Design do Paraná e da Secretaria da Ciência, Tecnologia e Ensino Superior (SETI). O principal objetivo desse programa é auxiliar o empresariado paranaense a utilizar o Design como ferramenta para a inovação.

Também, neste mesmo ano, é lançado três novos centros de pesquisa em Design As unidades serão criadas em Curitiba, Maringá e Campo Mourão, com a intenção de aproximar a universidade do setor produtivo e oferecer um espaço com equipamentos, pesquisadores e um banco de patentes para ajudar o empresariado paranaense a utilizar o Design como ferramenta para a inovação, agregando serviços para as universidades, a iniciativa privada e órgãos públicos. A atuação do programa se dá por meio de consultoria e capacitação para as empresas.

Na busca por maior competitividade dos produtos paranaenses foi criada a RPrD - Rede Paranaense de Design, que entre 2003 e 2010 foi uma associação civil sem fins lucrativos criada através da iniciativa conjunta entre o Sebrae, através do programa Via Design e as instituições fundadoras - Centro de Design Paraná, DIA Design, Inovação e Arte, Funtec (Fundação para o Desenvolvimento Científico e Tecnológico de Toledo), Fundação Tecnópolis de Maringá e

Senai, distribuídos próximos aos polos de produção. Atualmente, é uma rede virtual que apoia micro e pequenas empresas do estado interessadas em utilizar o Design como ferramenta na busca de qualidade e competitividade. Busca então, estimular o desenvolvimento de produtos inovadores e de bom Design e estruturar o mercado de oferta de profissionais de Design no estado.

O Estado do Rio de Janeiro possui o Grupo Consultivo de Design que assessora o governo deste estado desde 2007, através da Secretaria de Desenvolvimento. O programa Rio Faz Design trabalha com exposições, premiação e outros pequenos eventos.

Outras ações também vêm ocorrendo no Brasil, como a Bienal Brasileira de Design (iniciada em 2006) e a *Brazil Design Week*, inspirada no *London Design Festival*, na Semana de Design de Milão e no famoso *New York Design Week*, com o objetivo de estimular a reflexão sobre o papel do Design, hoje em dia, no desenvolvimento das ideias e do mundo. A iniciativa do Fórum Brasil Design (reunindo todas as associações profissionais e acadêmicas brasileiras) trazem profundas contribuições que são fundamentais no momento atual de políticas de Design.

A Bienal de Design Gráfico da ADG (Associação dos Designers Gráficos do Brasil) e o Salão Design Movelsul/Casa Brasil (Bento Gonçalves), são iniciativas que alcançam maturidade e projeção internacional, mostrando para a sociedade a importância do Design de qualidade. E temos um mercado editorial crescente, com edição de bons livros e revistas, apoiado na grande quantidade de escolas de Design e profissionais atuantes. Muitas outras iniciativas contribuem para promover o Design no País, embora muitas vezes de forma cíclica e desconexa (PATROCÍNIO E BOLTON, 2011).

Em 2001, a Associação Nacional de Entidades Promotoras de Empreendimentos Inovadores (Anprotec) e o Sebrae organizaram visita técnica a parques tecnológicos e incubadoras da Finlândia, Suécia e Dinamarca com o objetivo de conhecer de perto experiências de criação e gestão de parques tecnológicos e incubadoras de empresas nesses países, identificando boas práticas e oportunidades de internacionalização.

Conclusão

Conclusão

Podemos perceber, com todo esse levantamento feito acerca das políticas públicas brasileiras voltadas ao Design, que existe uma ligação forte entre o desenvolvimento tecnológico, a capacidade inovadora e a competitividade de um país, com a forma com o Design é visto pelo Estado, sociedade e indústria. Se, em países como a Finlândia, as políticas públicas de Design já estão consolidadas é por que o Design foi visto como estratégia de negócio, que permitiria a competitividade internacional e elevação da marca do país no comércio exterior, gerando o crescimento da economia. Podemos perceber também, que o Brasil se utiliza das lições aprendidas com as políticas públicas europeias, que servem de modelo para os programas de política de Design em todo o mundo. Com isso, pode ser que veremos grandes mudanças no campo do Design neste país.

O Design vem recebendo um novo olhar na medida em que se percebe que através dele as empresas podem desenvolver produtos inovadores, competitivos e com identidade brasileira, pois os consumidores estão cada vez mais exigentes e diferenciados. A dinâmica da economia mundial, que decorre da globalização e da aceleração de inovações tecnológicas, impulsiona as nações e a suas empresas a adorem estratégias que visam o aumento da competitividade, acirrando a concorrência. Neste ambiente, evidencia-se, de forma significante, a função do Design como fator de diferenciação e de competitividade. É preciso planejar novos produtos aprimorados em tecnologia, desenho e matéria prima, além de todo o conhecimento necessário do usuário (suas emoções, experiências e necessidades) que ganha o foco no desenvolvimento de novos produtos e serviços.

Além da promoção do Design, do suporte junto às empresas é preciso trabalhar mecanismos de avaliação e controle de qualidade, pois o Design sem qualidade não pode ser uma ferramenta de diferenciação e competição que permita trocas comerciais, profissionais e acadêmicas. E qualidade, passa pela formação, para que não se venha ficar a mercê de grandes empresas internacionais de Design, explorando o mercado nacional ou regional. Para isso, é preciso também, melhorar a educação, para que realmente seja alcançado o patamar, no qual haja a quebra da cultura do copiar ou da importação de tecnologias, não podemos ter medo de inovar, devemos ser capazes de desenvolver novas tecnologias.

É preciso trabalhar com a dupla cultura: a empresarial e criativa. Porque, empresas inteligentes criam tendências, ao invés, de segui-las.

Referência Bibliográfica

AGRA, F. M. M. R.; SANTOS, F. A. A. Globalização e economia brasileira. In: **Revista Eletrônica de Economia**, Juiz de Fora, n. 5, mar. 2005. Disponível em: <http://www.viannajr.edu.br/revista/eco/doc/artigo_500 05.pdf>. Acesso em: 26 out. 2012.

BAER, W. **A industrialização e o Desenvolvimento Econômico do Brasil**. Tradução: Paulo de Almeida Rodrigues. Rio de Janeiro: Fundação Getúlio Vargas, 1966.

BONSIEPE, G. **Design**: do Material ao Digital. Tradução Cláudio Dutra. Florianópolis: FIESC/IEL, 1997.

BRASIL. **Boletim da Política Industrial**. Abril de 2004. Disponível em: <http://www.ipea.gov.br/pub/bpi/BoletimPI22.pdf> Acesso em: 26 out. 2012.

BRUM, A. J. Desenvolvimento Econômico Brasileiro. Ijuí: Unijuí, 1999.

DEBRAZIL. **Design Excellente Brazil: sobre o**

programa. 2012. Disponível em<
http://debrazil.designbrasil.org.br/design-excellence-
brazil/ > Acesso em 26 ot. 2012.

NIEMEYER, L. **Design no Brasil**: origens e instalações.
3.ed. Rio de Janeiro: 2AB, 2000.

PATROCÍNIO, Gabriel; BOLTON, Simon. **Influências
Europeias em Políticas Públicas de Design
Brasileiras.** In: Anais do VI Congresso Internacional de
Pesquisa em Design, 2001. Lisboa: VI CIPED, 2011.

PEREIRA, Lívia Marsari; MEDEIROS, Maria Carolina;
SILVA, José Carlos Plácido. **Laboratório Brasileiro de
Design – uma revisão da sua importância histórica
para o Design brasileiro.** In: Anais do 9º Congresso
Brasileiro de Pesquisa e Desenvolvimento em Design,
2010. São Paulo: 9° P&D Design.

PROGRAMA BRASILEIRO DO DESIGN. **Plano
Estratégico**. 2007. Disponível em: <
http://pt.scribd.com/doc/61475317/PBD-Plano-
Estrategico-v04-04-07-c> Acesso em: 27 out. 2012.

SUZIGAN, W. **Desenvolvimento Industrial**. In:

WIEDEMANN, L. F. S. Brasil: Realidade e
Desenvolvimento. São Paulo: Sugestões Literárias, 1973.

VERSIANI, F. R.; SUZIGAN, W. **O Processo Brasileiro de
Industrialização**: uma Visão Geral. Louvain: X
Congresso Internacional de História Econômica, 1990.

www.ingramcontent.com/pod-product-compliance
Lightning Source LLC
Chambersburg PA
CBHW070404290526
45790CB00004B/1624